ស្ូនអណ្ណែតទឹក

ដោយ និង គូររូបដោយ
Iem Tithseiha

Library For All Ltd.

ស្ងួនអណ្ណេតទីក

កំណែនេះត្រូវបានបោះពុម្ពផ្សាយនៅ 2022

បានបោះពុម្ពផ្សាយដោយ Library For All Ltd
អ៊ីមែល៖ info@libraryforall.org
URL: libraryforall.org

The Asia Foundation

រូបភាពដើមដោយ Iem Tithseiha

ស្ងួនអណ្ណេតទីក
Tithseiha, Iem
ISBN: 978-1-922835-46-8
SKU02745

ស្ងួនអណ្ដែតទឹក

កុមារិតឆ្កាមានអាយុ
១២ឆ្នាំ។ នាងកំព្រាម្តាយ។
នាងរស់នៅជាមួយឪពុក
និងបងប្រុសលើបឹងទន្លេសាប។
អ្វីៗនៅទីនោះសុទ្ធតែអណ្តែតលើទឹក។
សាលារៀន មណ្ឌលសុខភាព វត្ត
និងស្ទូនដំណាំ...ជាដើម។

ឪពុកគង្គាជាអ្នកដែលពូកែចាប់ត្រី។ បងប្រុសរបស់នាងជាអ្នកដែលពូកែអុំទូក។ រៀងរាល់ព្រឹក ឪពុក និងបងប្រុសតែងចេញពីផ្ទះទៅរកត្រី។ ចំណែកគង្គានៅចាំផ្ទះ និងថែរក្សាស្ងួនដំណាំ។

4

ជារឿយៗ គង្គាតែងនិយាយសុំឪពុក
និងបងប្រុសទៅជាមួយ។
"ខ្ញុំចង់ទៅរកត្រីដែរ។" "ទេ!
ទៅរកត្រីជាការងារពិបាកណាស់។
កូនឯងនៅផ្ទះស្រាចដំណាំល្អជាង។
ឪពុកចង់ញ៉ាំផ្លែល្ពៅដែលកូនដាំ។" "អូន
ឯងគួរនៅមើលថែប៉ែងប៉ោះសម្រាប់បង។"

រដូវវស្សាចូលមកដល់។
ភ្លៀងធ្លាក់ស្មើរវាល់ថ្ងៃ។
ទឹកបឹងឡើងលិចគ្រប់ទឹកន្លែង។

ថ្ងៃមួយ ឪពុក
និងបងប្រុសបានចេញទៅរកត្រី។
ស្រាប់តែ គង្គាស្រែងខ្លាំងៗ។
"តើស្ទូនដំណាំខ្ញុំបាត់ទៅណាហើយ?"
នាងរត់ទៅមើលជុំវិញផ្ទះ
ប៉ុន្តែមិនឃើញស្ទូនដំណាំទេ។ នាង
ក្រឡេកទៅឆ្ងាយឃើញស្ទូនដំណាំស្ងួងៗ។

គង្គាក៏សម្រេចចិត្តយក
ទូកចែវតាមរកស្វូនដំណាំ។
នាងខំចែវតាមពីក្រោយស្វូនដំណាំ។
ប៉ុន្តែស្វូន ដំណាំចេះតែអណ្ដែត
ទៅមុខយ៉ាងលឿន។
"ស្វូនអើយស្វូនៗ ចាំខ្ញុំផង។"
នាងខំចែវកាន់តែញ្ញាប់ជាងមុន។

នៅកណ្ដាលផ្ទៃបឹង រលកបោកខ្លាំងៗ។
ទូកនាងម្ដងវែរទៅឆ្វេងម្ដងវែរទៅ
ស្ដាំ។ ទឹកចូលពេញក្នុងទូករបស់គាត់។
នាងខំប្រឹងបាចទឹកចេញយ៉ាងហឹស
ហើយថែវបន្តទៀត។ ថ្ងៃកាន់
តែក្ដៅគាត់ហេវហាត់
ខ្លាំងណាស់។ ស្ូនដំណាំមិនព្រមឈប់សោះ
វាវសាត់លេ្ីនទៅៗ។

មួយសន្ទុះក្រោយមក
ស្វនដំណាំក៏ឈប់នៅមួយកន្លែង។
គង្ការសប្បាយចិត្តណាស់ ក៏អុំទូក
សំដៅទៅវាយ៉ាងលឿន។ ពេលទៅដល់ក្បែរវា
នាងបោះខ្សែចងទូកជាប់បំពង់ឫស្សី។
បន្ទាប់មក គង្ការហក់ចូលទៅក្នុងស្វន។
ស្រាប់តែស្វនដំណាំរសាត់ទៅមុខបន្ត
ទៀតយ៉ាងលឿន។

17

គង្គាធូល៖ "តើមានរឿងអីកើតឡើង?
នាងឌកឃដផ្ដើមវែង១
ហើយលោតចូលក្នុងទឹកប្រួង។
នាងសម្លឹងមើលឆ្នេងស្ពាំស្រាប់តែឃើញ
ត្រីគល់រាំងធំមួយ។

រាកំពុងអូសស្ទូនដំណាំរបស់នាង។

"គឺត្រីនេះទេតើ ដែលលួចស្ទូនដំណាំរបស់ខ្ញុំ!"
គង្គាគិតក្នុងចិត្ត។

គង្គាខំហែលតាមពីក្រោយ
ប៉ុន្តែត្រីហែលទៅមុខយ៉ាងលឿន។

មួយសន្ទុះស្រាប់តែរាឈប់ហែល
ហើយនៅស្ងៀមមួយកន្លែង។

នាងភ្ញាក់ព្រឺត
ព្រោះញស់ទ្បេងចេចចាចនៅពីលើ។
នាងងើយមុខឡើង
ក៏ឃើញហ្ូុងស្ួាជាច្រើន។ "អូ! ខ្ញុំយល់ហើយ។
ត្រីយក្សយកស្ួនដំណាំខ្ញុំ ដើម្បីដួយហ្ូុងស្ួា។"
ត្រីគល់រាំងព្ពូសទឹកទៅលើ
ជាសញ្ញាយល់ព្រាម។

គង្ការប្រញោប់សួរបន្ត៖
"ឯងចង់នាំពួកគេទៅព្រៃធំ
តើមែនទេ?" ត្រីគល់រាំងព្រួសទឹកទៅលើ
យ៉ាងខ្លាំង។ ហ្វូងស្វានាំគ្នារត់
ឡើងមកលើសួនដំណាំ។ គង្ការស្រែក
"កុំស៊ីផ្លែឈ្លួង និងបៃងជោះរបស់ខ្ញុំ!"
តែពួកស្វាមិនស្តាប់នាងទេ។
ពួករាយ៉ានយ៉ាងខ្លាំង
ហើយស៊ីដំណាំរបស់នាងអស់។

មកដល់ច្រាំងព្រែធំ
ពួកស្វាប្រញាប់រត់ទៀងលើមែកឈើ។
ពួកវានាំគ្នាបេះផ្លែឈើល្អៗ
មកដាក់ពេញស្អូនច្បារ។
គង្គាសប្បាយចិត្តយ៉ាងខ្លាំង។

នាងក៏ចែវទូកត្រលប់ទៅផ្ទះវិញ។ ឪពុក និង
បងប្រុសរីករាយពេលឃើញគង្គាមកផ្ទះវិញ។

គង្ហាសួរខ្ពុក និងបងប្រុសនាងសារជាថ្មី៖
"ពុក បងប្រុស!
តើខ្ញុំអាចទៅនេសាទដែរបានទេ?"
បងប្រុសនាងញញឹម
ហើយនិយាយទៅកាន់ខ្ពុកនាង៖
"ពុក! គង្ហាអាចអុំទូកកាត់បឹងបាន។
ដូច្នេះនាងប្រាកដជាអ្នកអុំដ៏ពូកែ
ម្នាក់!" "កូនស្រីពុកក្លាហានណាស់
អាចធ្វើអ្វីៗបានទាំងអស់!"

អ្នកអាចប្រើសំណួរទាំងនេះដើម្បីនិយាយអំពីសៀវភៅនេះជាមួយគ្រួសារ មិត្តភក្តិ និងគ្រូរបស់អ្នក។

តើអ្នកបានរៀនអ្វីខ្លះពីសៀវភៅនេះ?

ពិពណ៌នាសៀវភៅនេះក្នុងមួយពាក្យ។ កំប្លែង? គួរឱ្យខ្លាច? ចម្រុះពណ៌? គួរឱ្យចាប់អារម្មណ៍?

តើសៀវភៅនេះធ្វើឱ្យអ្នកមាន អារម្មណ៍យ៉ាងណាពេលអានចប់?

តើមួយណាជាផ្នែកដែលអ្នកចូលចិត្ត ជាងគេនៃសៀវភៅនេះ?

ទាញយកកម្មវិធីអ្នកអានរបស់យើង។
getlibraryforall.org

អំពីអ្នករួមចំណែក

បណ្ណាល័យសម្រាប់ទាំងអស់គ្នា ធ្វើការជាមួយអ្នកនិពន្ធ និងអ្នកគំនូរមកពីជុំវិញពិភពលោក ដើម្បីបង្កើតរឿងប្លែកៗ ពាក់ព័ន្ធ និងគុណភាពខ្ពស់សម្រាប់អ្នកអានវ័យក្មេង។

សូមចូលមើលគេហទំព័រ libraryforall.org សម្រាប់ព័ត៌មាន ចុងក្រោយបំផុតអំពីព្រឹត្តិការណ៍សិក្ខាសាលារបស់អ្នកនិពន្ធ គោលការណ៍ណែនាំការដាក់ស្នើ និងឱកាសថ្មីប្រឌិតផ្សេងទៀត។

តើអ្នកចូលចិត្តសៀវភៅនេះទេ?

យើងមានរឿងដើមដែលរៀបចំដោយអ្នកជំនាញរាប់រយ រឿងទៀតដើម្បីជ្រើសរើស។

យើងធ្វើការក្នុងភាពជាដៃគូជាមួយអ្នកនិពន្ធ អ្នកអប់រំ ទីប្រឹក្សាវប្បធម៌ រដ្ឋាភិបាល និង NGOs ដើម្បីនាំមកនូវ សេចក្តីរីករាយនៃការអានដល់កុមារគ្រប់ទីកន្លែង។

តើអ្នកដឹងទេ?

យើងបង្កើតផលប៉ះពាល់ជាសាកលក្នុងវិស័យទាំងនេះ ដោយប្រកាន់យកគោលដៅអភិវឌ្ឍន៍ប្រកបដោយចីរភាព របស់អង្គការសហប្រជាជាតិ។

librakyforall.org

www.ingramcontent.com/pod-product-compliance
Lightning Source LLC
Chambersburg PA
CBHW040313050426
42452CB00018B/2823